PREPARATORY EXERCISES
IN SCORE-READING

Vorbereitende Übungen im Partiturlesen

R. O. MORRIS
and
HOWARD FERGUSON

MUSIC DEPARTMENT
OXFORD UNIVERSITY PRESS
44 CONDUIT STREET LONDON W.1

INTRODUCTION

I   The Place of Score-reading in Musical Education

ALL SERIOUS musical institutions aim at giving their students a general education in music as well as mastery of their own particular instrument or branch of study. My own teaching experience, both in England and the U.S.A., has led me to the belief that this general education commonly lays too much emphasis on the writing of harmony and counterpoint exercises as such, and not enough on the analysis and detailed study of the great masterpieces of orchestral and chamber music.

This study is the ultimate test of musical culture, but it is a study open only to those who can find their way readily through the complications of an orchestral score. Score-reading is therefore an essential element of musical education, and the object of these exercises is to provide the means of self-training for it. Before considering further the problems of actual score-reading, however, let us briefly examine those of harmonic and contrapuntal study, viewed not as ends in themselves, but as agents of this wider purpose.

This study must still be ranked as of primary importance, with a three-fold aspect:

(1) As a key to the understanding of the basic principles of musical structure.
(2) As a means of developing the inner ear.
(3) Incidentally, as affording practice in the use of the C-clefs.

Bearing all this strictly in mind, I should say that the right policy for the general student is that of a limited objective, combined with a more precise and exacting standard of achievement within those limits. Harmonic study need only go up to the diatonic and diminished sevenths, including, of course, the principles governing modulation and the use of unessential and chromatically altered notes. Counterpoint need not go beyond three-part work, and it should be ordinary harmonic counterpoint of the kind the student encounters every day in the great classical masters from Bach to Brahms. Strict counterpoint, even of the authentic kind, is far too specialized a branch of study to find any useful place in the general curriculum. It should be reserved for special types of student, e.g., those wishing to become church or cathedral choirmasters. And even for them I should recommend it more as a guide to understanding than as a discipline.

Precisely the same holds good of aural training—the objective should be limited, but the standard precise. Aural training and harmonic study are to a large extent one and the same. If you want to develop your sense of harmony, train your ear; if you want to improve your power of hearing, study harmony and counterpoint—only in the right way. They must be studied *as sound*, not as mathematical equations. It will soon be found that a single inward faculty is involved both in aural and harmonic training.

For this reason it seems a mistake to separate the two branches of study as is commonly done. They are in the deepest sense interdependent, and should be pursued as a single study, under the guidance of one and the same instructor.

II   The Special Problems involved in Score-reading and playing from Score

Score-reading and playing from score are two different things. Both pre-suppose the ability to deal with all clefs and with transpositions; apart from this, the former depends mainly on the power of the inner hearing, the latter on facility of finger and keyboard resourcefulness. It is obviously possible to imagine either of these capacities being highly developed while the other is rudimentary or non-existent.

For our present purpose, however, it may be assumed that the student is desirous of mastering both processes to the full extent of his, or her, individual capacity. The term "score-reading" may therefore be taken in the present context as implying the ability to play as well as the ability to read. Score-reading in this sense will be found to involve a synthesis of the following distinct capacities:

(1) To take in the content of many staves at once.
(2) To see where the principal melody or melodies are at any given moment.
(3) To perceive instantaneously the essential harmonies and modulations.
(4) To omit, adjust, or transpose the details of spacing, figuration, etc., as may be necessary to get the music under the fingers.
(5) To read the C-clefs without hesitation.
(6) To make the necessary transpositions of key.

It may as well be admitted at once that this is an extremely difficult synthesis. Fluent score-readers are few and far between, and the achievement in its highest form has always an air of genuine wizardry. This is in itself a good thing, in these days when the tendency is to try and make all easy for everyone. One must at all costs oppose to this tendency the plain fact that to be a good musician is *not* easy; it takes intense effort sustained over a number of years. If the superficially-minded are discouraged by these words, so much the better. The others will be content to progress as far as in them lies; at the end they may find that in failing to master all the intricacies of a Wagner score, they have unwittingly acquired the ability to read any string quartet with ease. And that in itself is no mean reward.

Let us now consider separately each of the six processes enumerated above. Nos (1), (2), and (4) lie outside our present scope. They can only be mastered by practical experience with actual full scores. A useful preliminary exercise is to compare a good pianoforte arrangement with the original score to see what has been left out, and what alterations of detail have been necessary to make a keyboard performance possible. The transcriptions (Peters Edition) of the Haydn, Mozart, Beethoven, and Brahms symphonies will afford the necessary insight into these problems.

(3) of course depends principally on harmonic study. Playing at sight from figured bass is an invaluable accessory. Exigencies of space made it impracticable to include any of these here. In themselves they would have been desirable; but after all they can be found elsewhere without difficulty.

(5) and (6) remain as the subject matter of this book, and they cannot be got elsewhere (so far as I know) in this isolated form. The little books of exercises by Peppin and Daymond (both Novello) are very well as far as they go, but do not go nearly far enough.

It must be remembered that orchestral transposition is not like transposing a piece bodily from one key to another. In the latter case you see the harmonies and progressions at a glance and reproduce them (with luck) in the new key. In orchestral transposition only certain lines have to be transposed, and it is therefore necessary either (1) to transpose each individual note; or (2) to substitute an imaginary clef, putting in the necessary accidentals, and reading an octave higher or lower when required.

The following connexions should therefore be borne in mind:

    (1) Soprano clef with A transpositions.
    (2) Tenor clef with B flat transpositions.
    (3) Alto clef with D transpositions.
    (4) Bass clef with E and E flat transpositions.
    (5) Mezzo-soprano clef with F transpositions.
    (6) Baritone clef with G transpositions.

Of the above, the first three are indispensable for their own sakes, apart from transposition, by reason of their constant occurrence in stringed and vocal scores.

The baritone clef (providentially) is obsolete, and G-transpositions are rare: the student had better wait till they occur and then hope for the best.

D-transpositions are also rare. E and E flat are more common, but owing to their association with the bass-clef can easily be dealt with.

The really essential transpositions are those in A, B flat and F. These are the only ones in which exercises are here set. Those in F are best approached directly, as the mezzo-soprano clef is obsolete, and not worth mastering for the present purpose. The student must find out for himself what are the various instruments in which all these transpositions are respectively found.

One caution must be added. Where enharmonic changes are involved the clef method of transposition will not work. If for example a piece is in the key of E, the clarinets will probably be written as A clarinets in the key of G. If later the key signature changes to A flat, the clarinets will probably not change to B flat clarinets, nor will they be written in C flat, but in B. It will then no longer be possible to read them as soprano clef parts; each note will have to be actually transposed.

III   Method of using the Exercises

Each exercise should be *learnt*. If it is merely read through once, of course the entire content of the book will be exhausted before any real meaning has been extracted from it. It is not meant that no new exercise should be attempted until the preceding exercise is known perfectly; but that every exercise should be re-played from time to time until it is known virtually by heart. Single voices involving unfamiliar clefs or transpositions may well be played through once or twice by themselves before the exercise is attempted as a whole. Only through constant practice in this way will the various C-clefs automatically begin to register the correct notes in the same way as the familiar treble and bass clefs already do.

When the student has mastered the exercises in § A and § B he should proceed concurrently to those in § C and § D, and similarly with § E and § F. § L should not be attempted until all preceding exercises can be played at a reasonable speed without stumbling.

In regard to this final section (§ L) it should be said that the orchestral transpositions here employed are not condensations of the instrumentation actually used in the original scores. They are really pianoforte condensations which have been subsequently re-expanded so as to give the student practice in the most essential clefs and transpositions without having to bother about getting it under his fingers. That is all done for him here; of course as soon as he begins to play from actual scores, he will have to do it for himself, as has already been hinted.

Nevertheless, these abbreviated exercises are in one respect actually more difficult than the full score itself would be. In the latter, the essentials of melody, harmony, and rhythm can often be seen at a glance, the transposing parts (if any) being safely inferred from the others. Here, everything has actually to be read: there is virtually no duplication of notes.

IV Conclusion

Some of these exercises have been written specially for the purpose by authorities who shall be nameless, but by far the greater part are from more familiar sources. Detailed references to these are not given; when the student is not personally acquainted with them, it will be good for him to try and guess from internal evidence when and by whom they were written. There are no bowing, phrasing, or expression marks. This omission is primarily due to motives of economy; but here again it will be an exercise in musical tact to try and determine from the content of the notes themselves what is the appropriate style and pace.

Certain liberties will be noticed—omissions, dovetailings, transpositions and the like. These do not call for serious apology; the object has been to round off the extracts so that they are all complete in themselves, of the right length, and presenting in due measure the specific problems of clef and transposition for which they are best adapted.

R. O. M.

EINLEITUNG

I   Die Bedeutung des Partiturlesens in der Musikerziehung

Aᴌᴌᴇ ᴇʀɴsᴛʜᴀғᴛᴇɴ Musiklehrstätten haben das Ziel, ihren Schülern eine allgemeine Musikerziehung, sowohl als die Beherrschung ihres eigenen Instruments oder Studiengebiets zu vermitteln. Meine eigene Lehrerfahrung, in England und den Vereinigten Staaten, hat mich zu der Überzeugung gebracht, dass diese allgemeine Erziehung gewöhnlich zu viel Wert auf schriftliche Übungen in Harmonie und Kontrapunkt als solche legt, und nicht genügend auf die Analyse und das ausführliche Studium der grossen Meisterwerke der Orchester– und Kammermusik.

Solches Studium ist der endgültige Prüfstein des musikalischen Könnens, aber dieses Studium steht nur denjenigen offen, die sich mühelos durch die Schwierigkeiten einer Partitur durchfinden. Partiturlesen ist daher ein wesentlicher Bestandteil der Musikerziehung, und der Zweck dieser Übungen ist, die Mittel zu diesem Selbstunterricht darin darzubieten. Bevor wir uns jedoch dem Problem des eigentlichen Partiturlesens zuwenden, wollen wir kurz diejenigen des Harmonie- und Kontrapunktstudiums prüfen, nicht als Endzweck in sich selbst betrachtet, sondern als Bestandteil dieses weiteren Zieles.

Man muss diesem Studium unbedingt die äusserste Bedeutung beimessen, und zwar unter einem dreifachen Gesichtspunkt:

(1) Als ein Schlüssel zum Verständnis der grundlegenden Prinzipien der musikalischen Struktur.

(2) Als ein Mittel zur Entwicklung des inneren Gehörs.

(3) Ausserdem auch als Praxis im Gebrauch des C-Schlüssels.

Dies vorausgesetzt, würde ich sagen, dass es für den Schüler am besten ist, sich ein beschränktes Ziel zu setzen, das innerhalb dieser Beschränkung mit einem präziseren und anspruchsvolleren Niveau verbunden wäre. Das Harmoniestudium braucht nur bis zu den diatonischen und verminderten Septimenakkorden zu gehen, natürlich einschliesslich der Prinzipien die die Modulation und den Gebrauch der Nebennoten und chromatisch veränderten Noten beherrschen. Der Kontrapunkt braucht nicht über dreistimmige Übungen hinauszugehen, und es sollte gewöhnlicher harmonischer Kontrapunkt sein, so wie die Schüler ihm jeden Tag bei den grossen Klassikern von Bach bis Brahms begegnen. Strenger Kontrapunkt, sogar der authentische, ist ein viel zu spezialisiertes Studiengebiet als dass es in einem allgemeinen Lehrplan nützlich sein könnte. Er sollte für einen bestimmten Typ von Schüler reserviert sein; zum Beispiel solche die Kirchenchordirigenten werden wollen. Und sogar für sie würde ich ihn mehr als ein Mittel zum Verständnis, denn als Disziplin empfehlen.

Genau das Gleiche gilt auch für die Übung des Gehörs das Objekt sollte beschränkt sein, aber das Niveau präzise. Gehörübungen und Harmoniestudium sind in weitem Sinne ein und dasselbe. Wenn man seinen Sinn für Harmonie entwickeln will, muss man sein Ohr trainieren; wenn man seine Fähigkeit zum Hören verbessern will, soll man Harmonie und Kontrapunkt studieren- aber nur auf die richtige Weise. Sie müssen *als Klang* studiert werden, nicht als mathematische Gleichung. Man wird dann bald finden, dass es sowohl in der Gehör- als auch in der Harmonielehre auf die gleiche innere Fähigkeit ankommt.

Aus diesem Grunde wäre es ein Fehler, die beiden Studienzweige zu trennen, wie es gewöhnlich geschieht. Sie sind im tiefsten Sinne von einander abhängig, und sollten als ein einziges Studium verfolgt werden, unter der Leitung eines und desselben Lehrers.

II   Die besonderen Probleme des Partiturlesens und vom-Blatt-spielens

Partiturlesen und vom-Blatt-spielen sind zwei verschiedene Dinge. Beide setzen die Fähigkeit voraus, mit allen Schlüsseln und mit Transpositionen Bescheid zu wissen; abgesehen davon, hängt das erstere von der Kraft des inneren Gehörs ab, das letztere von der Fingerfertigkeit und der Beherrschung der Tastatur. Es ist offenbar möglich, sich die eine dieser Fertigkeiten als hochentwickelt vorzustellen, während die andere nur rudimentär oder überhaupt nicht vorhanden ist.

Für unseren gegenwärtigen Zweck jedoch kann man annehmen, dass der Schüler den Wunsch hat, beide Fähigkeiten bis zum vollen Aussmass seines oder ihres individuellen Könnens zu beherrschen. Der Ausdruck 'Partiturlesen' soll deshalb im gegenwärtigen Zusammenhang die Geschicklichkeit bezeichnen, sowohl zu spielen als auch zu lesen. Wir werden finden, dass Partiturlesen in diesem Sinne eine Synthese der folgenden von einander verschiedenen Fähigkeiten bedeutet:

(1) Den Inhalt vieler Notensysteme zu gleicher Zeit aufzunehmen.

(2) Die Hauptmelodie- oder Melodien in einem gegebenen Moment zu sehen.

(3) Die wesentlichen Harmonien und Modulationen sofort zu erkennen.

(4) Die Details der Anordnung, der Figuration, usw. wegzulassen, anzupassen, oder transponieren, je nach dem wie es nötig ist, um die Musik under die Finger zu kriegen.

(5) Die C-Schlüssel ohne Zögern zu lesen.

(6) Die nötigen Transpositionen der Tonarten vorzunehmen.

Man muss von vornherein zugeben, dass dies eine ausserordentlich schwierige Synthese ist. Gewandte Partiturleser gibt es nur sehr wenige, und der Erfolg in seiner höchsten Form wirkt immer wie echte Zauberei. Das ist an sich schon sehr gut, in unserer Zeit mit ihrer Tendenz, alles für alle einfach zu machen. Dieser Tendenz muss man unbedingt die einfache Tatsache entgegenhalten, dass es *nicht* einfach ist, ein guter Musiker zu sein; es bedeutet intensive, jahrelange Anstrengung. Wenn die Oberflächlichen durch diese Worte entmutigt werden, umso besser. Die Anderen werden sich damit zufriedengeben, soweit vorwärts zu kommen, als es ihnen gegeben ist; schliesslich werden sie vielleicht herausfinden, dass sie, während sie die Schwierigkeiten einer Wagnerpartitur nicht meistern können, unabsichtlich die Fähigkeit gewonnen haben, jegliches Streichquartett mühelos zu lesen. Und das bedeutet in sich selbst keine schlechte Belohnung.

Wollen wir nun jede der sechs obengenannten Prozeduren einzeln betrachten. Nummer (1), (2), und (4) liegen ausserhalb unserer gegenwärtigen Aufgabe. Sie können nur durch praktische Erfahrung mit tatsächlich kompletten Partituren gemeistert werden. Es ist eine nützliche Vorübung, eine gute Klavierausgabe mit der Originalpartitur zu vergleichen, um zu sehen, was ausgelassen worden ist, und welche Änderungen im Detail nötig gewesen sind, um eine Klavieraufführung möglich zu machen. Die Transkriptionen (in der Peters Edition) der Haydn-, Mozart-, Beethoven-, und Brahms-Symphonien werden die nötige Einsicht in diese Probleme gewähren.

(3) Hängt natürlich hauptsächlich vom Harmoniestudium ab. Vom figurierten Bass aus vom Blatt spielen zu können ist unschätzbar. Raummangel hat es unmöglich gemacht, Beispiele davon hier anzuführen. Sie wären ansich wünschenswert gewesen; aber schliesslich kann man sie ohne Schwierigkeit woanders finden.

(5) and (6) sind das Thema dieses Buches, und (soviel ich weiss) kann man sie nirgendwo anders in dieser ausschliesslichen Form bekommen. Die kleinen Übungshefte von Peppin und Daymond (beide bei Novello) sind ganz wertvoll soweit sie reichen, aber sie reichen doch nicht weit genug.

Man muss nicht vergessen dass Orchestertransposition nicht dasselbe bedeutet wie ein Stück physisch aus einer Tonart in die andere zu versetzen. Im letzteren Fall sieht man die Harmonienfolgen auf einen Blick und gibt sie (wenn man Glück hat) in der neuen Tonart wieder. In Orchestertransposition brauchen nur bestimmte Notenlinien transponiert zu werden, und deshalb ist es notwendig, entweder (1) jede einzelne Note zu transponieren; oder (2) einen imaginären Schlüssel zu ersetzen, in dem man die nötigen Vorzeichen einsetzt, und, wenn nötig, eine Oktave höher oder tiefer liesst.

Man muss sich deshalb die folgenden Beziehungen vor Augen halten:

(1) Sopranschlüssel mit A Transpositionen.

(2) Tenorschlüssel mit B Transpositionen.

(3) Altschlüssel mit D Transpositionen.

(4) Bass-schlüssel mit E und Es Transpositionen.

(5) Mezzosopranschlüssel mit F Transpositionen.

(6) Baritonschlüssel mit G Transpositionen.

Von diesen sind die ersten drei in sich selbst unentbehrlich, abgesehen von der Transposition, wegen ihrer dauernden Wiederkehr in Streich- und Gesangpartituren.

Der Baritonschlüssel ist (glücklicherweise) veraltet, und G- Transpositionen sind selten; der Schüler muss einfach warten bis sie vorkommen und dann auf sein Glück vertrauen.

D-Transpositionen kommen auch selten vor. E und Es sind gewöhnlicher, aber wegen ihrer Beziehung zum Bass-schlüssel sind sie leicht zu handhaben.

Die wirklich wichtigen Transpositionen sind die in A, B, und F. Diese sind die einzigen von denen hier Beispiele gegeben sind. Man behandle die in F am besten direkt, da der Mezzosopranschlüssel veraltet, und für den gegenwärtigen Zweck der Beherrschung nicht wert ist. Der Schüler muss selbst herausfinden, welches die verschiedenen Instrumente sind, für die alle diese Transpositionen respektive gelten.

Eine Warnung möchte ich hinzufügen. Wo es sich um enharmonische Änderungen handelt, lässt sich die Schlüsselmethode der Transposition nicht anwenden. Wenn zum Beispiel ein Stück im E-Schlüssel geschrieben ist, werden die Klarinetten wahrscheinlich als A Klarinetten im G-Schlüssel angewandt werden. Wenn später die Tonart zu As hinüberwechselt, werden die Klarinetten wahrscheinlich nicht zu B Klarinetten umgewechselt, noch werden sie in Ces geschrieben sein, sondern in H. Es ist dann nicht mehr möglich, sie als Violinschlüsselpartien zu lesen; jede Note wird tatsächlich transponiert werden müssen.

III   Gebrauchsmethode fur die Übungen

Jede Übung muss *gelernt* werden. Wenn man sie lediglich einmal durchliest, wird natürlich der ganze Inhalt des Buches verbraucht sein ehe man seine wirkliche Bedeutung gewonnen hat. Damit ist nicht gemeint, dass man keine neue Übung versuchen soll bevor man die vorhergehende vollkommen beherrscht; sondern dass jede Übung von Zeit zu Zeit wiedergespielt werden sollte, bis man sie nahezu auswendig kann. Man sollte einzelne Stimmen in ungewöhnlichen Schlüsseln oder Transpositionen ruhig ein bis zwei Mal für sich durchspielen ehe man die Übung als ganzes nun versucht. Nur durch beständige Praxis werden die verschiedenen C-Schlüssel automatisch mit den korrekten Noten verbunden werden, ebenso wie es die wohlbekannten Sopran- und Bassschlüssel bereits tun.

Wenn der Schüler die Übungen in § A und § B beherrscht, sollte er zu gleicher Zeit mit denjenigen in § C und § D beginnen, und ebenso mit § E und § F. Man sollte mit dem § L nicht beginnen, bevor man alle vorhergehenden Übungen in einem vernünftigen Zeitmass spielen kann, ohne zu stolpern.

In Bezug auf diesen letzteren Abschnitt (§ L) möchte ich sagen, dass die hier gebrauchten Orchestertranspositionen nicht eine Kondensierung der Instrumentation bedeuten welche tatsächlich in den Originalpartituren angewandt sind. Sie sind in der Tat Klavierauszüge die nachträglich wiederausgeweitet worden sind, um dem Schüler Übung in den wesentlichsten Schlüsseln und Transpositionen zu geben, ohne dass er sich um die pianistische Ausführung zu sehr bemühen muss. Dies alles ist hier bereits für ihn getan; wenn er natürlich anfängt von richtigen Partituren abzuspielen, muss er das für sich selbst tun, wie ich bereits hingewiesen habe.

Trotzdem sind diese abgekürzten Übungen in einer Beziehung tatsächlich schwerer als die ganze Partitur sein würde. In der letzteren kann man die hauptsächlichsten Bestandteile von Melodie, Harmonie, und Rhythmus oft auf den ersten Blick sehen, wobei die zu transponierenden Stimmen (wenn es solche überhaupt gibt) sich mit Sicherheit aus den anderen ergeben. Hier muss alles gelesen werden: es gibt so gut wie keine Verdoppelung von Noten.

IV   Abschluss

Einige dieser Übungen sind ausdrücklich für diesen Zweck von Autoritäten geschrieben worden, welche ungenannt bleiben sollen, aber der bei weitem grössere Teil stammt aus bekannteren Quellen. Auf diese habe ich mich ausdrücklich bezogen; wenn sie dem Schüler nicht persönlich bekannt sind, wird es gut für ihn sein zu versuchen vom Inhalt her zu erraten, wann und von wem sie geschrieben worden sind. Ich habe keine Bogen-, Phrasierungs-, oder Ausdruckszeichen gegeben. Ich habe es in erster Hinsicht aus ökonomischen Gründen unterlassen; aber hier wiederum wird es eine Übung in musikalischem Takt sein, zu versuchen vom Inhalt der Noten selbst den angebrachten Stil und das richtige Tempo festzustellen.

Man wird finden, dass ich mir gewisse Freiheiten genommen habe. Unterlassungen, Zusammenfügungen, Transpositionen, und ähnliches. Ich hoffe mich dafür nicht ernstlich entschuldigen zu müssen; mein Ziel war die Auszüge abzurunden, um sie in sich selbst vollständig und nicht zu lang zu machen, und die besonderen Schlüssel- und Transpositionsprobleme für welche sie sich am besten eignen im richtigen Ausmass zu geben.

R. O. M.

CONTENTS

We acknowledge the courtesy of the following publishers for their permission to print quotations from their publications:— Novello & Co., for quotations from Purcell's 'Fairy Queen'; J. & W. Chester Ltd., for quotations from their collection of 'Old French Pieces for the Harpsichord', edited by Gabriel Grovlez; Schott & Co. Ltd., for quotations from their edition of 'Handel's Pieces', edited by Barclay Squire; J. Curwen & Son, for quotations from their edition of 'Purcell's String Fantasias', edited by Peter Warlock and André Mangeot.

A

Printed in Great Britain

OXFORD UNIVERSITY PRESS, MUSIC DEPARTMENT, 44 CONDUIT STREET, W.1

Fine

3

4

IO

Fine

D. C. senza repetizione

B

II

6

Fine

D.C.dal 𝄋 senza repetizione

D.C.

C

21

22

Fine

D.C.

27

D

29

32

33

34

E

37

38

.Fine

D.C. dal %

45

F

60

G

45

70

53

55

H

79

80

59

Fine

Fine

(D.C. dal Segno)

(D.C. dal Segno)

84

62

63

J

87

89

71

K

95

96

(CORO I)

97

76

101

102

L

84

95

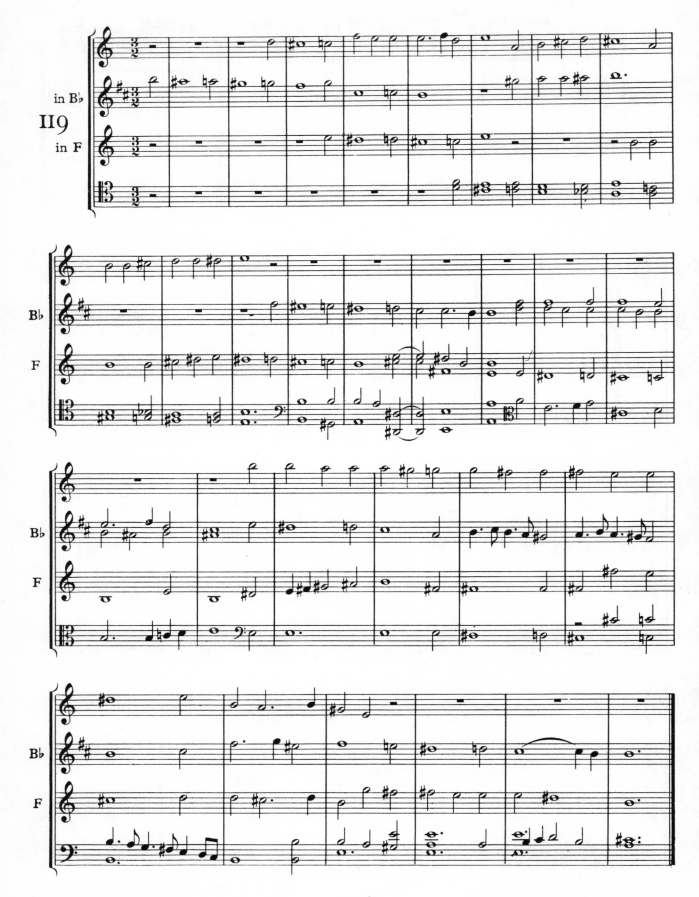

in B♭

120

in F

B♭

F

B♭

F

B♭

F

99

121

25977

101

123

124

125

OXFORD UNIVERSITY PRESS